Eyk Dr. Ueberschär

Grundlagen des Fundrechts

GRIN Verlag

Bibliografische Information der Deutschen Nationalbibliothek:

Die Deutsche Bibliothek verzeichnet diese Publikation in der Deutschen National-
bibliografie; detaillierte bibliografische Daten sind im Internet über http://dnb.d-
nb.de/ abrufbar.

Impressum:

Copyright © 2015 GRIN Verlag GmbH
Druck und Bindung: Books on Demand GmbH, Norderstedt Germany
ISBN: 978-3-656-87946-6

Dieses Buch bei GRIN:

http://www.grin.com/de/e-book/287634/grundlagen-des-fundrechts

1. Einführung

Täglich werden Gegenstände verloren und gefunden. Nicht selten sind diese Vorgänge mit erheblichen Einschnitten in das Leben des Einzelnen verbunden. Stellen Sie sich z. B. vor, welche Folgen der Verlust der gesamten Haushaltskasse haben kann. Was geschieht aber rechtlich in einem solchen Fall?

Grundsätzlich können nur bewegliche Sachen verloren werden, wie breit sich die Palette fächert, ist bei jeder Fundstelle sehr schnell zu erkennen. Alle verlorenen Sachen haben aber eines gemeinsam, der Inhaber der tatsächlichen Gewalt (Besitzer), hat unfreiwillig den Besitz, also die tatsächliche Sachherrschaft über diese verloren. Bei diesem Verlieren bleibt das Eigentumsrecht unberührt. D. h. der Finder kommt in den Besitz einer Sache, welche fremdes Eigentum ist. Nach herrschender Meinung gilt eine bewegliche Sache als verloren, wenn der Besitzer objektiv nicht mehr in der Lage ist, die tatsächliche Sachherrschaft über diese auszuüben. Das ist i. d. R. der Fall, wenn der Besitzer nicht mehr weiß, wo sich die Sache befindet. Dabei ist es unerheblich, ob sie ihm durch Unachtsamkeit oder durch die Handlung Dritter, wie z. B. Diebstahl abhanden gekommen ist.

Wichtig ist auch, daß nur feste Gegenstände verloren werden können. Gase bzw. Flüssigkeiten können nur im gebundenen Zustand (i. d. R. in Behältern) verloren werden.

Nicht jede Sache, welche irgendwo „herumliegt", ist aber verloren worden. In einigen Fällen handelt es sich um herrenlose Sachen. Diese Eigenschaft erhalten Sachen immer dann, wenn der Eigentümer einer beweglichen Sache in der Absicht, auf das Eigentum zu verzichten, den Besitz an der Sache aufgibt (§ 959 BGB).

Grob eingeschätzt besteht der wesentliche Unterschied zwischen Fundsache und herrenloser Sache darin, daß die Fundsache unfreiwillig aus dem Besitz gelangt ist. Das Eigentum bleibt unberührt. Die Sache wird dann herrenlos, wenn Besitz und Eigentum gleichzeitig aufgegeben werden. Voraussetzung für das Herrenloswerden einer Sache ist immer, daß die Sache einmal einen Herren hatte. Sachen, an denen nie Eigentumsrecht bestand, können somit auch nicht herrenlos werden, sie sind es von Haus aus.

Eine besondere Form der herrenlosen bzw. Fundsachen stellen Tiere dar. Gemäß § 90 a BGB sind Tiere zwar keine Sachen, sie werden aber rechtlich wie Sachen behandelt. Für die Praxis bedeutet das:

Ein Wildtier (z. B. Reh) ist herrenlos, weil es nie einen Eigentümer (Herren) hatte.

Ein entlaufener Hund ist der Sachherrschaft seines Besitzers entzogen, bleibt aber im Eigentum seines Eigentümers und erscheint somit als Fundsache. Das ausgesetzte Tier ist somit ein herrenloses Tier. Die Handlung des Aussetzens ist also nichts anderes als die vom Gesetzgeber im § 959 BGB beschriebene Form des Aufgebens des Besitzes in der Absicht, das Eigentum aufzugeben.

Wenden wir uns nun den herrenlosen Sachen etwas ausführlicher zu.

2. Herrenlose Sachen

Wie bereits dargestellt, hat diese Sache weder einen Besitzer noch einen Eigentümer. Aus diesem Grund kann jedermann Besitz und Eigentum an dieser Sache gründen, ohne die Rechte Dritter zu beeinträchtigen. Als Grundsatz hat der Gesetzgeber in § 958 festgeschrieben:

„Wer eine herrenlose Sache in Eigenbesitz nimmt, erwirbt das Eigentum an der Sache."

D. h. derjenige, welcher die herrenlose Sache mit dem Ziel in Besitz nimmt, Eigentum zu erwerben, ist der neue Eigentümer. Ihm fallen dadurch alle Rechte und Pflichten des Eigentümers zu. Im Absatz 2 des genannten § werden die Ausnahmen geregelt. „Das Eigentum wird nicht erworben, wenn die Aneignung gesetzlich verboten ist oder wenn durch die Besitzergreifung das Aneignungsrecht eines anderen verletzt wird, z. B. wenn ein nicht zur Jagd Berechtigter Fallen aufstellt und in diesen Wildtiere fängt. Er verstößt mit dieser Handlung gegen geltendes Recht und verletzt gleichzeitig das Aneignungsrecht des Jagdberechtigten.

Er erwirbt aber auch kein Eigentum, wenn er nach der Besitzergreifung erklärt, daß er den Besitz nicht in der Absicht ergriffen hat, Eigentümer zu werden. Das ist sehr häufig bei herrenlosen Tieren der Fall. Bürger kümmern sich um diese, füttern sie und versorgen sie anderweitig, erklären aber, sie nehmen diese Handlungen nur aus Tierliebe und nicht in der Absicht, Eigentum zu erwerben vor. In diesen Fällen haben sie zwar in den meisten Fällen Besitz erworben, aber eben nicht das Eigentum. Aus diesem Grund sind diese Bürger auch nicht für diese Tiere verantwortlich. Ein Eingreifen der Behörde ist nur möglich, wenn durch die Handlung der Bürger eine Gefahr für die öffentliche Sicherheit und Ordnung herbeigeführt wird (z. B. Verschmutzung, Seuchengefahr usw.). Das einfache Füttern der Tiere und die daraus resultierende Anwesenheit dieser an bestimmten Orten, stellt nicht zwangsläufig eine rechtliche Voraussetzung für das Tätigwerden einer Behörde dar.

Nicht jede Sache, welche weggeworfen wird, muß herrenlos werden. Vielfach ist es üblich, daß ein Entsorgungsunternehmen die Inbesitznahme nach der Besitzaufgabe erklärt. Das erfolgt i. d. R. durch Aufstellen besonderer Sammelbehälter bzw. durch Erklärung; z. B. ist dies immer der Fall bei Altkleidersammlungen. Mit dem Einwerfen in einen entsprechenden Sammelbehälter gibt der Besitzer seinen Besitz mit der Absicht, sich des Eigentums zu entledigen, auf. Durch das Aufstellen der Sammelbehälter erklärt der Aufsteller, daß er Eigentum an den eingeworfenen Sachen begründet.

Mit diesen Handlungen hat also ein Eigentums- und Besitzwechsel stattgefunden. Jedes Entnehmen von Sachen durch einen unberechtigten Dritten ist somit Unrecht. Eine gleiche Rechtsfolge tritt ein, wenn bestimmte Unternehmen zu Sperrmüllaktionen auffordern. Bürger, die ihre Sachen zu den Sammelstellen bringen, geben Besitz und Eigentum auf und die sammelnde Firma begründet Eigenbesitz. Sie ist somit auch für den ordnungsgemäßen Abtransport verantwortlich, werden Teile nicht ordnungsgemäß abgeräumt, hat die Ordnungsbehörde das Recht, den letzten Eigentümer zur Beseitigung bzw. zu den Kosten heranzuziehen. Letzter Eigentümer ist jetzt das Unternehmen, welches die Sammlung durchgeführt hat.

3. Fundsachen

Wesentlich umfangreicher ist das Fundrecht. Hierbei ist praktisch immer davon auszugehen, daß der Finder das Eigentum eines Unbekannten in Besitz nimmt. Er kann also nicht wie bei einer herrenlosen Sache Eigentum begründen.

Derjenige, der über eine Sache das tatsächliche Besitzrecht ausübt, ist nach dem bürgerlichen Recht Geschäftsführer. Durch die Verfügung über den Besitz übt er den Willen des Eigentümers aus. Er verfolgt dessen geschäftliche Interessen. Hierzu ist er i. d. R. durch Vertrag beauftragt. D. h. zwischen dem Eigentümer und dem Besitzer besteht eine vertragliche Regelung, die Rechte und Pflichten der Vertragsparteien genau regelt.

⇒ z. B. Mietvertrag - der Mieter übt im Rahmen dieses Vertrages eine vereinbarte, im Geschäftsinteresse des Vermieters liegende Geschäftsführung aus.

Im Falle eines Fundes ist aber der Eigentümer nicht in der Lage, einen Geschäftsführer mit der Wahrnehmung seiner Geschäftsinteressen

zu beauftragen. Vereinfacht dargestellt ist der Eigentümer der beweglichen Sache nach Verlust der tatsächlichen Sachherrschaft (Verlieren) nicht mehr in der Lage, die Geschäftsführung durchzuführen, denn er kann nicht mehr auf sie einwirken. Da er aber sein Eigentum nicht willentlich aufgegeben hat, wird die Sache auch nicht herrenlos. Zwischen Eigentümer (Verlierer) und Besitzer (Finder) kommt jedoch zwangsläufig kein Vertragsverhältnis zustande. Das ist nicht möglich, weil für den Schluß eines Vertrages eine sich entsprechende Willenserklärung notwendig ist. Diese kann nicht abgegeben werden, weil sich Finder und Verlierer in der Regel nicht kennen bzw. zum Zeitpunkt des Fundes nicht miteinander in Verbindung stehen. Es kommt somit zur Geschäftsführung ohne Auftrag, gemäß § 677 BGB

„Wer ein Geschäft für einen anderen besorgt, ohne von ihm beauftragt oder ihm gegenüber sonst dazu berechtigt zu sein, hat das Geschäft so zu führen, wie das Interesse des Geschäftsherrn mit Rücksicht auf dessen wirklichen oder mutmaßlichen Willen es erfordert."

Der Finder ist als Geschäftsführer ohne Auftrag an die Regelungen des Fundrechts §§ 965-984 BGB gebunden. Verfügt er abweichend von diesen rechtlichen Regelungen über die Fundsache, macht er sich gegebenenfalls strafbar (Unterschlagung gem. § 246 StGB). Auf jeden Fall aber haftet er aufgrund der unerlaubten Handlung für den dem Eigentümer eintretenden Schaden in unbegrenzter Höhe (§ 823 BGB).

Es liegt also nicht im Ermessen des Finders, ob er notwendige Handlungen vornimmt, sondern es ist seine Rechtspflicht.

Nachdem festgestellt ist, daß der Finder beim Fund ein Besitzverhältnis begründet und damit im Sinne des Eigentümers handeln muß, um ihm gegenüber nicht haftbar zu werden, ist seine erste Pflicht, die Sache in Verwahrung zu nehmen. Damit sichert er zunächst das Eigentum und handelt somit im Sinne des Eigentümers (Verlierers). § 966 regelt dazu:

„Der Finder ist zur Verwahrung der Sache verpflichtet."

Allein durch die Inverwahrungnahme erfüllt er aber nicht die Interessen des Eigentümers. Er muß dem Eigentümer die Verfügungsmöglichkeit an seinem Eigentum wieder einräumen, d. h. er muß dafür Sorge tragen, daß dieser schnellstmöglich wieder in den Besitz seiner verlorenen Sache gelangt. Aus diesem Grund ist er gemäß § 965 verpflichtet, den Fund dem Verlierer oder dem Eigentümer anzuzeigen. In vielen Fällen wird dies unmöglich sein, weil ihm die Identität des Verlierers nicht bekannt ist. Aus diesem Grund schreibt § 965 Abs. 2 BGB fest:

2

„Kennt der Finder die Empfangsberechtigten nicht oder ist ihm ihr Aufenthalt unbekannt, so hat der den Fund und die Umstände, welche für die Ermittlung der Empfangsberechtigten erheblich sein können, unverzüglich der zuständigen Behörde anzuzeigen"
Diese Anzeigepflicht entfällt, wenn die Fundsache nur einen Wert von max. 10,00 DM hat. Bei diesem geringen Wert wäre die Verhältnismäßigkeit nicht mehr gewahrt. Wer die jeweils zuständige Behörde ist, regelt das Landesrecht. In der Regel ist es die kommunale Ordnungsbehörde, auf deren Gebiet die Sache gefunden wurde. Im Gesetz ist geregelt, daß die Anzeige unverzüglich zu erfolgen hat. Dieser unbestimmte Rechtsbegriff ist zwischenzeitlich durch die Rechtsprechung hinreichend bestimmt. Er bedeutet, daß die Anzeige ohne schuldhafte Verzögerung erfolgen muß. Da die Woche 168 Stunden hat und die Ordnungsbehörde i. d. R. nur 40 Stunden davon für den Finder erreichbar ist, wäre die meiste Zeit der Woche die Ordnungsbehörde nicht erreichbar; der Fund könnte somit nicht ordnungsgemäß angezeigt werden. Das ist insbesondere an Wochenenden der Fall. Da es dem Eigentümer damit unmöglich ist, über seine Sache zu verfügen, entsteht damit eine Gefahr, nämlich die Gefahr für das Eigentumsrecht des Verlierers.
Nach dem SOG, Ordnungsbehörden- bzw. Polizeigesetz der Länder ist die Ordnungs-/ Polizeibehörde und die Vollzugspolizei für den Schutz privater Rechte vor Gefahren zuständig, wenn der Inhaber des Rechts ohne hoheitliche Hilfe nicht erreichen kann. Aus diesem Grund ist jede Polizeidienststelle außerhalb der Geschäftszeiten der Ordnungsbehörden verpflichtet, eine entsprechende Fundanzeige des Finders entgegenzunehmen. Sie ist weiter verpflichtet, diese Fundanzeige bei Erreichbarkeit der zuständigen Ordnungsbehörde an diese weiterzuleiten. Analog ist bei der Ablieferung der Fundsache zu verfahren.
Eine generelle <u>Ablieferungspflicht</u> der Fundsache gegenüber der Behörde besteht nicht. § 967 BGB regelt dazu:
„Der Finder ist berechtigt und auf Anordnung der zuständigen Behörde verpflichtet, die Sache oder den Versteigerungserlös an die zuständige Behörde abzuführen."
D. h. in einer Vielzahl von Fällen kann der Finder die Fundsache auch selbst sicher verwahren und für den Verlierer bereithalten. Für die Behörde besteht aber immer die Pflicht, die Fundsachen entgegenzunehmen, wenn es der Finder so wünscht. Eine Ablieferungspflicht ist immer anzuordnen, wenn es sich bei der Fundsache um Gegenstände handelt, deren

Besitz eine Genehmigung erfordert (z. B. Waffenfund).
Sollte die Fundsache Schaden nehmen, trifft den Finder und die aufbewahrende Behörde eine Haftpflicht nur bei Vorsatz oder grob fahrlässigem Verhalten (§ 968 BGB).
In verschiedenen Einzelfällen ist der Verderb der Fundsachen zu besorgen oder ihre Aufbewahrung ist mit hohen Kosten verbunden, dann kann die Sache versteigert werden. Eine Versteigerung durch den Finder darf erst stattfinden, wenn er den Fund bei der zuständigen Behörde angezeigt hat. Der aus der Versteigerung erzielte Erlös tritt an die Stelle der Fundsache (§ 966 Abs. 2 BGB). Durch die Rechtsprechung ist heute bestimmt, daß im Einzelfall insbesondere, wenn Eile geboten ist, auch ein freihändiger Verkauf stattfinden kann.
Da der Verkäufer im Sinne des Eigentümers handeln muß, hat er dafür Sorge zu tragen, daß ein möglichst hoher Erlös erzielt wird. Fundsachen, von denen eine Gefahr für die öffentliche Sicherheit ausgeht, dürfen nicht versteigert werden. In diesem Fall tritt das Recht der Allgemeinheit zur Gefahrenabwehr in den Vordergrund. Natürlich ergeben sich für den Finder einer verlorenen Sache nicht nur Pflichten. Er hat auch gesetzlich geregelte Rechte. § 970 BGB regelt z. B.
„Macht der Finder zum Zwecke der Verwahrung und Erhaltung der Sache oder zum Zwecke der Ermittlung eines Empfangsberechtigten Aufwendungen, die er den Umständen nach für erforderlich halten darf, so kann er von dem Empfangsberechtigten Ersatz verlangen"
Dieses Recht ergibt sich zwangsläufig aus der Tatsache, daß der Finder die Rechte des Verlierers bzw. Eigentümers der Fundsache wahrnimmt. Er handelt also für diesen, deshalb hat dieser auch alle Kosten zu tragen. Diese Kosten können teilweise erheblich sein, weil die notwendigen Aufwendungen je nach Fundsache sehr unterschiedlich sind. In der Regel fallen Bergungskosten, Transportkosten, Kosten für die Unterbringung eventuell auch Reisekosten, Telefongebühren und Kosten für die Zeitungsanzeige an. Insbesondere bei Fundtieren „explodieren" die notwendigen Kosten sehr schnell. Hier her gehören nicht nur die Unterbringungs- und Futterkosten, sondern auch die Kosten für eine eventuelle veterinärmedizinische Betreuung des Fundtieres. Wird ein Fundtier im Tierheim untergebracht, gehören nach geltender Rechtsprechung auch die Kosten für eine Aufnahmeuntersuchung und die Impfung zu den notwendigen Aufwendungen. Das ist auch dann der Fall, wenn der Eigentümer bei der Abholung des Tieres nachweist, daß sein Tier die bei der Aufnahme erhaltene Impfung bereits hatte.

Für die zuständige Behörde ist es besonders wichtig zu wissen, daß der § 970 BGB als Zahlungspflichtigen den Empfangsberechtigten bestimmt. D. h. der Finder kann Aufwendungen nur geltend machen, wenn der Eigentümer ermittelt werden kann bzw. dieser sich meldet. Das gilt natürlich auch für die Aufwendungen, die von Seiten der Behörde aufgewendet werden. Um einen Ersatz der Aufwendungen geltend zu machen, muß der Finder bzw. die Behörde diese nachweisen. D. h. der Eigentümer bzw. Verlierer ist verpflichtet, die Aufwendungen in voller Höhe zu ersetzen, er hat natürlich auch das Recht, sich diese nachweisen zu lassen. Einen Ersatz für evtl. Bemühungen bzw. für sogenannte Folgeschäden muß er nicht leisten.

Die „Bemühungen" des Finders, sein eventueller Zeitaufwand und entstandene Mehrbelastungen werden durch den **Finderlohn** abgegolten. Dieser Finderlohn entfällt, wenn der Finder seinen gesetzlichen Pflichten nicht nachgekommen ist, oder er den Fund gar verheimlicht hat. Regelungen zum Finderlohn finden sich im § 971 des BGB.

„Der Finder kann vom Empfangsberechtigten einen Finderlohn verlangen. Der Finderlohn beträgt von dem Wert der Sache bis zu eintausend Deutsche Mark fünf vom Hundert, von dem Mehrwert drei vom Hundert, bei Tieren drei vom Hundert. Hat die Sache nur für den Empfangsberechtigten einen Wert, so ist der Finderlohn nach billigem Ermessen zu bestimmen."

Finderlohn ist somit ein Rechtsanspruch des Finders, dieser ist im Bedarfsfall einklagbar. Der Finder hat aber auch das Recht, freiwillig auf diesen zu verzichten, wie im Gesetz geregelt, richtet sich der Finderlohn in seiner Höhe immer nach dem materiellen Wert der Fundsache. Wichtig dabei ist, daß hierfür der jeweilige Zeitwert und nicht der Wiederbeschaffungswert Berücksichtigung findet. Weiterhin ist zu beachten, daß für die Wertbestimmung nur der tatsächliche Wert und nicht eventuell aus der Sache entstehende Rechte zur Wertermittlung herangezogen werden, z. B. der Fund eines Lottoscheines, welcher zu einem hohen Gewinn berechtigt. Hier wird der Wert des Scheines (sicher fast wertlos) und nicht die zu erwartende Gewinnsumme als Grundlage für die Finderlohnberechnung genommen. Natürlich steht es dem Verlierer frei, die Summe freiwillig angemessen zu erhöhen. Eine Rechtspflicht dazu gibt es aber nicht. Siehe hierzu auch Sparbuchfall. Es ist weiterhin wichtig, daß bei der Berechnung des Finderlohns die unterschiedlichen Prozentwerte bis 1.000 DM und über 1.000 DM berücksichtigt werden.

Bei einem Wert der Fundsache in Höhe von 1.500 DM bedeutet dies, daß für 1.000 DM 5% = 50 DM und für 500 DM 3 % = 15 DM Finderlohnanspruch besteht. Ist die Sache nur für den Verlierer von Wert, hat also kaum einen materiellen Wert (z. B. Fotos, Urkunden usw.) liegt die Festsetzung des Finderlohns im Ermessen des Verlierers. Der Gesetzgeber hat hierzu formuliert: *„... nach billigem Ermessen..."* Damit ist nicht der umgangssprachliche Inhalt des Begriffs billig gemeint. Billigkeit im Sinne des BGB hat immer die Bedeutung von angemessen. Natürlich gehen hier die Ansichten des Verlierers und die des Finders manchmal weit auseinander. Für die Behörde ist wichtig, Finderlohnansprüche sind privatrechtliche Ansprüche. Kommt es nicht zur Einigung, bleibt den Parteien nur der Privatrechtsweg. Es ist nicht die Aufgabe der Fundbehörde, regelnd einzugreifen.

Um dem Finder die Durchsetzung seiner Rechte zu erleichtern, hat der Gesetzgeber ihm in § 972 BGB ein **Zurückbehaltungsrecht** eingeräumt.

„Auf die in §§ 970, 971 BGB bestimmten Ansprüche finden die für Ansprüche des Besitzers gegen den Eigentümer wegen Verwendung geltenden Vorschriften der §§ 1000 bis 1002 entsprechende Anwendung"

§ 1000 BGB

„Der Besitzer kann die Herausgabe der Sache verweigern, bis er wegen er ihm zu ersetzenden Verwendung befriedigt ist. Das Zurückbehaltungsrecht steht ihm nicht zu, wenn er die Sache durch eine vorsätzlich begangene, unerlaubte Handlung erlangt hat."

Für die Praxis bedeutet das, daß der Finder die Fundsache als Pfand für seine Forderungen einbehalten darf. Sind der Behörde Kosten entstanden, weil der Finder ihr die Fundsache unverzüglich nicht nur angezeigt, sondern auch übergeben hat, so hat auch die Behörde das Zurückbehaltungsrecht bis zur völligen Zahlung durch den Eigentümer. Bei der Anwendung des Rechts sollte aber der jeweilige Einzelfall genau geprüft werden. Bei Fundtieren entstehen nämlich durch die Zurückbehaltung weitere Verwahrungskosten. Handelt es sich bei dem Tiereigentümer um eine Person, die nicht zahlungsfähig ist, erscheint es zweckmäßig, auf das Zurückbehaltungsrecht zu verzichten.

Bei der Entscheidung über Inanspruchnahme des Zurückbehaltungsrechts ist aber auch § 1002 BGB zu beachten.

„Gibt der Besitzer (Finder oder Behörde) die Sache dem Eigentümer heraus, so erlischt der Anspruch auf den Ersatz der Verwendungen mit dem Ablauf eines Monats, ..., wenn nicht vorher die ge-

richtliche Geltendmachung erfolgt, oder der Eigentümer die Verwendungen genehmigt."

Das heißt, wenn die Herausgabe ohne Zahlung erfolgt, sollte die Behörde bzw. der Finder zumindest ein schriftliches Schuldanerkenntnis verlangen. Wird dies versäumt, ist der Anspruch sowohl auf die Aufwendungen wie auch auf den Finderlohn erloschen.

4. Eigentumserwerb des Finders

§ 973 BGB

"Mit dem Ablauf von sechs Monaten nach der Anzeige des Fundes bei der zuständigen Behörde erwirbt der Finder das Eigentum an der Sache, es sei denn, daß vorher ein Empfangsberechtigter dem Finder bekannt geworden ist oder sein Recht bei der zuständigen Behörde angemeldet hat. Mit dem Erwerbe des Eigentums erlöschen die sonstigen Rechte an der Sache.

(2) Ist die Sache nicht mehr als 10 Deutsche Mark wert, so beginnt die sechs monatige Frist mit dem Funde. Der Finder erwirbt das Eigentum nicht, wenn er den Fund auf Nachfrage verheimlicht..."

Mit dieser Regelung ist also bestimmt, daß nach Fristablauf das Eigentum auf den Finder übergeht. Nach Übergang des Eigentums kann der Finder über die Sache verfügen wie der Eigentümer (§ 903 BGB). Sein Recht am Eigentumserwerb wird durch die Abgabe an die Behörde nicht beschränkt.

Mit dem Übergang des Eigentums erlischt das Recht des früheren Eigentümers auf Herausgabe aber auch die Recht des Finders auf Ersatz von Aufwendungen und Finderlohn. Ist die Fundsache an die zuständige Behörde übergeben worden und sind dieser Kosten für die Aufbewahrung entstanden, darf sie dieser erst ab dem Tag des Eigentumsübergangs vom Finder, dem neuen Eigentümer, verlangen. Erst ab diesem Tag ist er für die Sache verantwortlich. Versteigert die Behörde die Fundsache, weil eventuell die Kosten der Aufbewahrung unverhältnismäßig hoch waren, so hat der Finder noch 6 Monaten Anspruch auf den Erlös. Gemäß § 966 BGB ist dieser Erlös an die Stelle der Fundsache getreten. Somit geht das Eigentum am Erlös an Stelle des Eigentums an der Sache auf den Finder über. Sind der Behörde Kosten entstanden, dürfen diese nicht mit dem Erlös verrechnet werden. Ausgenommen hiervon sind die Kosten der Versteigerung.

Der Finder hat das Recht, auf den Eigentumserwerb zu verzichten. Das kann er nach Ablauf der Frist, aber auch bereits am Tage der

Anzeige bei der Behörde erklären. Seine Entscheidung ist endgültig.

Im Falle des Verzichts geht das Eigentum an der Fundsache an die Gemeinde des Fundortes über. Das Eigentum geht auch dann auf die Gemeinde über, wenn der Finder die Sache oder den erzielten Versteigerungserlös nicht bis zu der durch die Behörde gesetzten Frist bei dieser abholt.

D. h., verzichtet der Finder nicht sofort bei Abgabe der Fundsache (Vermerk und Unterschrift im Fundprotokoll) auf den Eigentumsübergang, so ist die Behörde verpflichtet, ihn nach Ablauf der 6 Monatsfrist aufzufordern, sein Eigentum bis zu einem angemessenen Termin bei dieser abzuholen.

Eine Sonderregelung enthält § 974 BGB

"Sind vor dem Ablauf der sechsmonatigen Frist Empfangsberechtigte dem Finder bekannt geworden, oder haben sie bei einer Sache, die mehr als 10 DM wert ist, ihre Rechte bei der zuständigen Behörde rechtzeitig angemeldet, so kann der Finder die Empfangsberechtigten nach den Vorschriften des § 1003 zur Erklärung über die nach §§ 970 bis 972 zustehenden Ansprüche auffordern. Mit dem Ablaufe der für die Erklärung bestimmten Frist erwirbt der Finder das Eigentum und erlöschen die sonstigen Rechte an der Sache, wenn nicht die Empfangsberechtigten sich rechtzeitig zur der Befriedigung der Ansprüche bereit erklären."

In Fällen, in denen der Finder bzw. die zuständige Behörde vor Ablauf der 6 Monate-Frist kennen und diese auffordern, die Sache nach Zahlung von Finderlohn und Aufwendungen abzuholen, ist diesen eine Frist zum Abholen und Zahlen zu setzen. Nach Ablauf dieser Frist geht das Eigentum an der Sache bereits zu diesem Zeitpunkt auf den Finder über.

Eine weitere wichtige Regelung für die Behörde enthält § 975 des BGB.

"Durch die Ablieferung der Sache oder des Versteigerungserlöses an die Behörde werden die Rechte des Finders nicht berührt."

Dies bedeutet, daß diese Rechte nicht auf die Behörde übergehen. Im Gegenteil, die Behörde hat die Rechte des Finders zu achten und eventuell zu vertreten.

"Die zuständige Behörde darf die Sache oder den Erlös nur mit Zustimmung des Finders einem Empfangsberechtigten herausgeben."

Diese Regelung ergibt sich zwangsläufig aus dem dem Finder zustehenden Zurückbehaltungsrecht. Erst wenn alle Ansprüche des Finders befriedigt sind, kann eine Herausgabe erfolgen.

Erklärt der Finder durch Unterschrift im Fundprotokoll seinen Verzicht auf jegliche Ansprüche gegenüber dem Verlierer, kann eine Herausgabe durch die Behörde erfolgen. In jedem anderen Fall muß der Finder der Herausgabe zustimmen.
Die Rechtsfolgen einer <u>Herausgabe der Fundsache an den Verlierer</u> regelt § 969 BGB.

„Der Finder wird durch die Herausgabe der Sache an den Verlierer auch den sonstigen Empfangsberechtigten gegeüber befreit."

Diese Regelung hat besonders dann Bedeutung, wenn Verlierer und Eigentümer der Sache nicht identisch sind, oder wenn an einer Sache mehrere Personen Eigentumsrechte haben.

Im Extremfall kann es passieren, daß der Verlierer durch Diebstahl oder eine andere Rechtsverletzung in den Besitz der Sache gelangt war. Durch sein Verlieren gelangt sie in die Hände des Finders. Dieser ist in vielen Fällen nicht in der Lage zu erkennen, daß der Besitz unrechtmäßig begründet war. Gibt er die Sache jetzt heraus, kann er durch den rechtmäßigen Eigentümer nicht haftbar gemacht werden. Gleiches gilt für Behörden. Im Falle der Polizei ist im Einzelfall immer zu prüfen, ob die Fundsache eventuell zur Fahndung ausgeschrieben ist. Bei hochwertigen Fundsachen, Fahrzeugen usw. sollte auch die zuständige Ordnungsbehörde im Zusammenwirken mit der Polizei eine Fahndungsüberprüfung einleiten.

Sollte das Eigentum bereits an den Finder oder die Behörde übergegangen sein, und es stellt sich heraus, daß der Verlierer durch Rechtsverletzung in den Besitz der Sache gekommen ist, kann der Eigentümer vom Finder bzw. der Behörde die Herausgabe der Sache verlangen. Hierzu finden die Bestimmungen der ungerechtfertigten Bereicherung Anwendung. Dieser Anspruch erlischt mit dem Ablaufe von drei Jahren nach dem Übergang des Eigentums auf den Finder oder die Gemeinde, wenn nicht die gerichtliche Geltendmachung vorher erfolgt.

5. Fund in öffentlicher Behörde oder Verkehrsanstalt

§ 978 BGB

„Wer eine Sache in den Geschäftsräumen oder den Beförderungsmitteln einer öffentlichen Behörde oder einer dem öffentlichen Verkehre dienenden Verkehrsanstalt findet und an sich nimmt, hat die Sache unverzüglich an die Be-
hörde oder die Verkehrsanstalt oder einen ihrer Angestellten abzuliefern. Die Vorschriften der §§ 965 - 967 und 969 - 977 finden keine Anwendung."

Hier ist praktisch bestimmt, daß für Fundsachen auf ihrem Territorium bzw. ihren Räumen usw. die jeweilige Behörde bzw. Verkehrsanstalt selbst verantwortlich ist. Mit der Übergabe der Fundsache an einen Angestellten dieser Einrichtungen hat der Finder seine Rechtspflichten erfüllt. Gleichzeitig bestimmt diese Rechtsnorm, daß für diese speziellen Fundorte die Regelungen des Fundrechts weitgehend keine Anwendung finden. Der Umgang mit diesen Fundsachen ist im BGB gesondert geregelt.

Abs. 2

„Ist die Sache nicht weniger als 100 DM wert, so kann der Finder vom Empfangsberechtigten einen Finderlohn verlangen. Der Finderlohn besteht in der Hälfte des Betrages, der sich bei der Anwendung des § 971 Abs. 1 Satz 2, 3 ergeben würde. Der Anspruch ist ausgeschlossen, wenn der Finder Bediensteter oder der Verkehrsanstalt ist, oder der Finder die Ablieferungspflicht verletzt."

Ein Anspruch auf Finderlohn entsteht bei diesen Funden erst bei einem Wert von 100 DM. Außerdem ist zu beachten, daß der Finderlohn erheblich niedriger ist (50 %). Alle Mitarbeiter der Behörde oder Verkehrsanstalt haben gar keinen Anspruch auf Finderlohn. Dabei ist es unerheblich, ob die Fundsache in ihrem eigenen oder einem anderen Arbeitsbereich innerhalb der Behörde oder Verkehrsanstalt gefunden wird.

„Besteht ein Anspruch auf Finderlohn, so hat die Behörde oder die Verkehrsanstalt dem Finder die Herausgabe der Sache an den Empfangsberechtigten anzuzeigen."

Diese Regelung bestimmt, daß die Behörde die Fundsache auch ohne Einwilligung des Finders an den Empfangsberechtigten übergeben darf. Sie ist allerdings verpflichtet, dem Finder anzuzeigen, wann und an wen sie die Sache herausgegeben hat. Sie ist verpflichtet, ihm alle Daten zu übermitteln, die er benötigt, um seinen Anspruch auf Finderlohn durchzusetzen.

Abs. 3

„Fällt der Versteigerungserlös oder gefundenes Geld an den nach § 981 Abs. 1 Berechtigten, so besteht ein Anspruch auf Finderlohn nach Abs. 2 Satz 1 bis 3 gegen diesen. Der Anspruch erlischt nach Ablauf von drei Jahren nach seiner

Entstehung gegen den in Satz 1 be-
zeichneten Berechtigten."
Ausgehend von der im § 978 BGB Abs. 1 bestimmten Regelung, daß ein Eigentumsübergang auf den Finder nicht stattfindet, hat ihm
der Gesetzgeber hier ein Finderlohnanspruch
gegenüber demjenigen eingeräumt, auf den
das Eigentum kraft Gesetzes übergeht. Mithin
ist der Finder im Fall eines Fundes in Behörden oder öffentlichen Verkehsanstalten immer
schlechter gestellt, als der Finder an sonstigen
Orten.

§ 979 regelt, daß die Behörden oder Verkehrsanstalten die Fundsache auch ohne be-
sonderen Anlaß versteigern lassen können.
Zur Versteigerung können sie einen ihrer Be-
diensteten beauftragen. Nach der Versteigerung tritt der Erlös an die Stelle der Fundsache.

§ 780 BGB
*„Die Versteigerung ist erst zulässig,
nachdem die Empfangsberechtigten in
einer öffentlichen Bekanntmachung des
Fundes zur Anmeldung ihrer Rechte unter Bestimmung einer Frist aufgefordert
worden sind und die Frist verstrichen ist;
sie ist unzulässig, wenn eine Anmeldung
rechtzeitig erfolgt ist.*
*(2) Die Bekanntmachung ist nicht erforder-
lich, wenn der Verderb der Sache zu besorgen oder die Aufbewahrung mit unverhältnismäßig hohen Kosten verbunden ist."*

Um dem Verlierer eine Chance einzuräumen,
sein Eigentum bzw. Besitz zurück zu erhalten,
ist eine ortsübliche Bekanntmachung mit Frist-
setzung durchzuführen. Ausnahmen hierzu regelt der Absatz 2.
Meldet sich der Verlierer trotz Bekanntmachung nicht innerhalb der gesetzten Frist, kann
die Versteigerung in jedem Fall erfolgen.
Da der Gesetzgeber keine Fristenregelung getroffen hat, muß eine angemessene Frist ge-
setzt werden. Angemessen ist die Frist dann,
wenn der Verlierer hinreichend Zeit und Gele-
genheit hat, sein Recht anzumelden. Sie wird i.
d. R. durch die Umstände des Einzelfalls bestimmt. Teilweise gibt es hierzu auch innerbe-
hördliche Regelungen.

Meldet kein Verlierer seine Rechte an und sind
seit der in der Bekanntmachung genannten
Frist 3 Jahre verstrichen, fällt der Versteigerungserlös in das Eigentum der in § 981 BGB
genannten Behörden bzw. Personen.
Gemäß § 983 BGB finden die hier erläuterten
Bestimmungen des BGB auch dann Anwen-

dung auf Sachen, die eine Behörde in Besitz
hat, zu deren Herausgabe sie verpflichtet ist,
ohne daß diese Verpflichtung auf einem Vertrag beruht und deren Empfangsberechtigter
unbekannt oder sein Aufenthaltsort nicht bekannt ist. Das kann z. B. der Fall sein, wenn
eine Behörde Sachen sichergestellt hat.

Eine Sonderregelung enthält § 984
*„Wird eine Sache, die so lange verbor-
gen gelegen hat, daß der Eigentümer
nicht mehr zu ermitteln ist (Schatz), ent-
deckt und infolge der Entdeckung in Besitz genommen, so wird das Eigentum
zur Hälfte von dem Entdecker, zur Hälfte
von dem Eigentümer der Sache erworben, in welcher der Schatz verborgen
war."*
Da diese Funde sicherlich nicht alltäglich sind,
soll hier nicht weiter darauf eingegangen werden. Der Verfasser erachtet es aber als wichtig
darauf zu hinzuweisen, daß bei Kunstgegen-
ständen, altertümlichen Funden usw. weitere
Sonderregelungen des Bundes und der Länder zu berücksichtigen sind.

6. Umgang mit Fundsachen

Wie aus den bisherigen Erläuterungen hervor-
geht, handelt es bei Fundsachen immer um
das Eigentum einer der Behörde vorübergehend unbekannten oder nicht erreichbaren
Person. Es handelt sich also nicht um „Beute-
gut" oder ähnliches. Beim Umgang mit Fundsachen ist immer der vermutliche Wille des Eigentümers zu berücksichtigen. Dabei ist zu
bedenken, daß bestimmte Gegenstände für
bestimmte Personen auch einen hohen indivi-
duellen Wert darstellen können.
Grundsätzlich sei hier noch einmal darauf ver-
wiesen, daß Fundrecht Privatrecht ist und die
Behörde rechtlich eine untergeordnete Rolle
spielt. Da ihr aber vom Gesetz Aufgaben zu-
gewiesen werden, hat sie diese auch gewis-
senhaft zu erfüllen. Ziel der behördlichen Tä-
tigkeit ist immer die Abwehr von Gefahren für
das Eigentumsrecht des Verlierers und die Unterstützung des Finders bei der Durchsetzung
seiner Rechte.

Im wesentlichen reduziert sich die Aufgabe der
Behörde auf folgende Handlungen:

1. Entgegennahme der Fundanzeige und
   Fertigen eines entsprechenden Fund-
   protokolls
2. Entgegennahme der Fundsache und deren sichere Verwahrung (beachte Besonderheit: Tiere, Waffen usw.)

3. Eventuelle Herausgabe an den Empfangsberechtigten nach Zustimmung des Finders
4. Eventuelle Versteigerung der Fundsache
5. Eventuelle Übergabe der Sache bzw. des Versteigerungserlöses an den Finder, nachdem der Eigentumsübergang erfolgt ist
6. Ordnungsgemäße Nachweisführung aller Fundsachen

Beim Umgang mit Fundsachen ist grundsätzlich die Besonderheit bei Funden in öffentlichen Behörden oder Verkehrsanstalten zu beachten.

Oberstes Ziel muß sein, dem Eigentümer schnellstmöglich die Verfügungsgewalt über die ihm gehörende Sache wieder zu übertragen. Im Zweifel, ob es sich um eine Fundsache oder herrenlose Sache handelt, ist immer von einer Fundsache auszugehen. Bei Tierfunden sollte das im Anhang beigefügte Urteil Beachtung finden.

Aus der Rechtsprechung

Az.: 110.023

OVG Münster: Kostentragung für Behandlung kranker Fundtiere
Beschluß vom 06.03.1996 13 A 638/95

Aus den Gründen:

Der klagende Tierarzt hat keinen Anspruch aus Geschäftsführung ohne Auftrag (GOA). Daß eine solche auch im öffentlichen Recht möglich ist und unter welchen Voraussetzungen ein Aufwendungsersatzanspruch des Geschäftsführers gegen den Geschäftsherrn entstehen kann, hat das VG zutreffend dargestellt. Auch der Senat sieht Voraussetzungen für einen Aufwendungsersatzanspruch des Klägers gegen den Beklagten aus öffentlich-rechtlicher GOA nicht als gegeben an.

Dabei läßt der Senat offen, ob eine öffentlich-rechtliche GOA schon deshalb ausscheidet, weil der Kläger seine Aufwendungen ggf. in Ausübung eines Auftrages oder Dienstvertrages zwischen ihm und den Überbringern der Tiere erbracht hat.

Zu den Voraussetzungen der öffentlich-rechtlichen GOA gehört in erster Linie, daß die Durchführung des Geschäfts, d. h. die Vornahme der kostenverursachenden Handlung, überhaupt und gerade durch einen Privaten anstelle der Behörde dem öffentlichen Interesse entspricht.

Vgl. hierzu: BVerwG, Urteil vom 06.09.1988 - 4 C 5.86 - NJW 1989, 922.

Dieses öffentliche Interesse tritt wegen der vom VG aufgezeigten Besonderheiten im öffentlichen Recht an die Stelle des für einen Aufwendungsersatzanspruch nach privatrechtlicher GOA notwendigen Interesses des Geschäftsherrn an der Fremdübernahme und seines wirklichen oder mutmaßlichen Willens (vgl. § 683 Satz 1 BGB), denn das Interesse und der Wille der Behörde als Geschäftsherr sind stets auf das öffentliche Interesse gerichtet.
Diesem öffentlichen Interesse kann die Durchführung eines Geschäfts durch einen privaten Dritten zunächst nur dann entsprechen, wenn die auf Aufwendungsersatz in Anspruch genommene Behörde zur Vornahme dieses Geschäfts überhaupt zuständig und entweder hierzu verpflichtet gewesen wäre oder - bei ihr insoweit eingeräumten Handlungsermessen - sie dieses Geschäft üblicherweise in der vom Geschäftsführer praktizierten Weise vorge-

nommen hätte. Der Behörde kann nicht durch die Einschaltung eines Privaten eine Handlungspflicht auferlegt und daraus folgend eine Kostenpflicht aufgebürdet werden, wenn sie nach den einschlägigen gesetzlichen Bestimmungen nicht handeln muß und dies auch üblicherweise nicht tut. Hinzukommen muß ferner, daß gerade die Übernahme durch einen privaten Dritten dem öffentlichen Interesse entspricht.
Im vorliegenden Fall ist bereits nichts dafür ersichtlich, daß jedem Einzelfall der Tierbehandlung oder Euthanasierung durch den Kläger eine Situation zugrunde lag, die eine Zuständigkeit des Beklagten begründet und ihn entweder zu einem entsprechenden Handeln zwingend verpflichtet oder doch wenigstens zu einem derartigen Handeln bewogen hätte.
Eine Zuständigkeit und Handlungspflicht für den Beklagten ergab sich weder aus dem Tierschutzgesetz noch dem Tierkörperbeseitigungsgesetz. Das Tierschutzgesetz bindet insoweit nur Tierhalter, der der Beklagte nicht war, und das Tierkörperbeseitigungsgesetz regelt nur die Beseitigung von Körper und Körperteilen toter Tiere, nicht aber die Behandlung oder Tötung lebender Tiere. Das Tierseuchengesetz regelt u. a. die behördlichen Maßnahmen zur Verhütung oder Bekämpfung eines Seuchenfalles. Eine solche tierseuchenrechtlich relevante Situation ist für die Fälle der Behandlung oder Euthanasierung durch den Kläger nicht dargetan.
Eine Zuständigkeit und Verpflichtung des Beklagten zum Tätigwerden ist auch nicht aufgrund allgemeinen Ordnungsrechts oder Seuchenrechts erkennbar. Weder ist feststellbar, daß in allen vom Kläger angeführten Behandlungs- und Euthanasiefällen eine allgemein ordnungsrechtliche oder seuchenrechtliche Gefahr vorlag (vgl. §§ 1, 14 OBG) noch, daß bei gegebener Gefahr des Ermessen des Beklagten auf eine Verpflichtung zur Vornahmen von Abwehrmaßnahmen entsprechend den vom Kläger durchgeführten reduziert war oder der Beklagte üblicherweise in ensprechender Weise tätig würde.

Aufgrund allgemeiner Lebenserfahrung kann bereits nicht davon ausgegangen werden, daß von einem Vogel, einer Katze, einem Kaninchen, einem Igel usw. eine ganz konkrete Gefahr z. B. für die Gesundheit des einzelnen oder der Gemeinschaft ausgeht. Dafür, daß auch in den vom Kläger behandelten bzw. euthanasierten Tieren keine konkrete Gefahr vorlag, sprich, daß die Tiere alle von einem Überbringer zum Kläger geschafft wurden und diesen allen Anschein nach problemlos war. Sie sind offenbar nicht etwa von dem kranken Hund oder der Katze gebissen oder gekratzt worden. Die vom Kläger angesprochene Möglichkeit, daß ein verletzter Hund beißen oder den Verkehr gefährden könnte, stellt keine Gefahr im ordnungsrechtlichen Sinne dar. Daß ein verletztes oder krankes Tier leidet, ist nicht zu bestreiten, stellt aber ebensowenig eine Gefahr dar wie sein absehbarer Tod. Das unter Umständen mit Leiden verbundene Ableben eines Tieres ist ein natürlicher Vorgang und verlangt regelmäßig keinen „helfenden" Eingriff des Menschen. Der Eindruck der kranken oder moribunden Kreatur auf den Menschen und der daraus erwachsene verständliche Wunsch des Einzelnen, der leidenden Kreatur helfen zu wollen, ist keine Gefahrensituation. Daß ein verendetes Tier eine Gefahr z. B. infolge Verwesung bedeuten kann, nötigt evtl. zur Beseitigung seines Kadavers, nicht aber zur Heilbehandlung oder Euthanasierung, um deren Kosten es hier erkennbar nur geht. Demgemäß begründet auch die veterinärmedizinisch-ethische Einschätzung durch Heilbehandlung oder Euthanasierung Leiden erleichtern zu müssen, nicht ohne weiteres eine Gefahr im ordnungsrechtlichen Sinne, die das Einschreiten des Beklagten erfordert hätte. Fehlte es aber an einer Gefahrensituation, so war eine Zuständigkeit des Beklagten nicht begründet. Dann kann der Kläger auch kein Geschäft anstelle des Beklagten durchgeführt und dies auch nicht einem öffentlich-rechtlichen Interesse entsprochen haben.

Selbst wenn eine die Zuständigkeit des Beklagten begründende Gefahrensituation jedoch in jedem zur Abrechnung gestellten Einzelfall vorgelegt haben sollte, ist nicht feststellbar, daß der Beklagte zur tiermedizinischen Heilbehandlung oder Euthanasierung verpflichtet gewesen wäre oder solche Maßnahmen auch nur der Üblichkeit entsprochen hätten. Es ist nämlich grundsätzlich der Standpunkt vertretbar, im Falle kranker, altersschwacher oder verletzter herrenloser Tiere, wie der vom Kläger behandelten Vögel, Igel, Tauben, wilde Katzen, Hunde, die von ihnen allenfalls ausgehende geringfügige Gefahr in Kauf zu nehmen und sie ihrem Lebensraum zu überlassen, wo sie natürlichen Abläufen entsprechend sterben, oder sie notfalls isolieren, um nach ihrer Verendung ihre Kadaver zu beseitigen.
Ein solcher Standpunkt entspräche überdies dem Interesse der Allgemeinheit an einer überschaubaren und sinnvollen Verwendung öffentlicher Mittel. Es wäre auch vertretbar, wenn die Behörde altersschwache und kranke oder verletzte größere Tiere nur bei gegebener eigener Entscheidungsmöglichkeit z. B. nach

Vorführung der Tiere, durch eigene Bedienstete oder einen beauftragten Tierarzt ihrer Wahl behandeln oder euthanasieren ließe. Insoweit ist nicht zu beanstanden, wenn der Beklagte im amtsgerichtlichen Sinne generell erklärt hat, die Kosten für solche Maßnahmen an herrenlosen Tieren durch den Kläger nicht zu übernehmen, d. h. sinngemäß solches Tätigwerden eines Privaten als seinem Willen im Sinne des § 683 BGB widerentsprechend anzusehen.

Entgegen der Ansicht des Klägers wird die Heilbehandlung oder Euthanasierung der ihm zugeführten Tiere nicht deshalb zu einem wahren oder mutmaßlichen Willen des Beklagten entsprechenden Geschäft, weil die Tiere etwa Fundsachen waren. Ausgehend von § 965 BGB waren es nämlich keine Fundsachen, auch wenn landläufig die Besitznahme von herrenlosen Sachen als „finden" bezeichnet und von „gefundenen Tieren" gesprochen wird. Fundsachen sind nur verlorene Sachen und Finder ist, wer eine verlorene Sache in Besitz nimmt.

Es ist weiterhin feststellbar, daß die dem Kläger zugeführten Tiere zuvor im rechtmäßigen Besitz anderer waren und deren Besitz zufällig nicht nur vorübergehend abhanden gekommen ist. Herrenlose Sachen sind keine verlorenen Sachen (vgl. Palandt, BGB vor § 965). Wildlebende Tiere, wie die hier dem Kläger teilweise zugeführten, sind herrenlose Tiere. Dadurch, daß Dritte sie bargen, und dem Kläger zur Behandlung zuführen wollen, haben sie keinen Besitz begründen. Greifen die Fundvorschriften nicht ein, kann der Kläger eine Verwahrungs- und Obhutspflicht des Beklagten als Polizeibehörde für Fundsachen im Sinne des § 967 BGB und daran anknüpfend eine Geschäftsführung zugunsten des Beklagten nicht „konstruieren".

Ein Anspruch des Klägers aus öffentlich-rechtlicher Bereicherung scheidet, wie vom VG ebenfalls zutreffend dargelegt, aus, weil nicht feststellbar ist, daß der Kläger rechtsgrundlos ein kostenaufwendiges Geschäft des Beklagten wahrgenommen hat. Sonstige Anspruchsgrundlagen sind weder geltend gemacht noch ersichtlich.

(StGT M-V 01/ 1997)
Schlagwörter: Fundtier, Tierschutz, Gefahr, Ordnungsbehörde

10

I. Der Waffenfund

Während eines Spazierganges verbellt Dackel "Waldemar" in einem Gebüsch einen Gegenstand. Als sein Herrchen nachsieht, findet er eine gut gepflegte "Walther P 5" mit gefülltem Magazin. Er nimmt die Waffe mit nach Hause und teilt den Fund am folgenden Tag dem Fundamt seiner Gemeinde mit.

Lösungsmöglichkeit:

Nach Würdigung der Gesamtumstände dürfte der Besitzer der Waffe diese verloren haben, denn es ist absolut unüblich und zudem auch verboten, Schußwaffen derartig zu lagern. Der Finder nahm daher die Interessen des Verlierers wahr, indem er die Waffe zunächst in seinen Besitz nahm, denn nur so konnte verhindert werden, daß über sie verbotswidrig verfügt werden kann.

Gem. § 28 (4) Nr. 2 WaffG bedarf der Finder einer erlaubnispflichtigen Waffe für die Inbesitznahme nur dann keine Erlaubnis, wenn er sie unverzüglich dem Verlierer, dem Eigentümer, einem sonstigen Berechtigten oder der für die Entgegennahme der Fundanzeige zuständigen Stelle **abliefert**.

Gemäß § 967 BGB wäre der Finder verpflichtet gewesen, die Pistole sofort dem Fundamt oder der Polizei zu übergeben. Für die Dauer des Verbringens der Waffe zur zuständigen Behörde wäre waffenrechtlich keine Erlaubnis erforderlich. Das Verbringen hat jedoch unverzüglich (ohne schuldhafte Verzögerung) zu erfolgen. Eine bloße Anzeige des Fundes bei der Behörde ohne die Herausgabe der Waffe stellt einen Verstoß gegen § 53 (1) Nr. 3a. a) WaffG (Vergehen) dar.

II. Der Gelegenheitsfund

Heribert Äuglein harkt seinen Vorgarten. Plötzlich erscheint ein Transporter der Stadt. Zwei Mitarbeiter steigen aus und laden ein Damenfahrrad, das schon seit geraumer Zeit am Gartenzaun seines Vorgartens lehnt, in das Kfz. Heribert meldet der Einfachheit halber den Mitarbeitern der Stadt seine Fundrechte an.

Lösungsmöglichkeit:

Will der Finder seine Rechte geltend machen, so hat er zunächst Pflichten zu erfüllen. Zur Pflichterfüllung gehören

- die Anzeigepflicht des Finders (§ 965 BGB)
- die Verwahrungspflicht des Finders (§ 966 BGB)

Da Heribert Äuglein nur das Fahrrad am Gartenzaun lehnend bemerkt hatte, ohne sich weitere Gedanken zu machen, hat er nicht im Sinne des Besitzers gehandelt. Bedingt durch den Umstand, daß der Fund nicht von ihm angezeigt wurde, wird ihm gem. § 971(2) BGB der Finderlohn versagt. Auch ein Anspruch auf Eigentumserwerb kann von ihm nicht erhoben werden, denn § 973 BGB setzt ein aktives Verhalten des Finders voraus.

Den Mitarbeitern der Stadt stehen Fundrechte nicht zu, denn sie handelten als Amtswalter der zuständigen Behörde.

III. Der Sperrmüllfund

Bei einer Spazierfahrt bemerkt Hubert Fundus an einem Waldrand hinter zwei Bäumen vier Autoreifen mit Felgen. Die Reifen taugen zwar nichts mehr, die Felgen sind noch in befriedigendem Zustand. Er lädt die Räder in seinen Pkw und zeigt am nächsten Tag den Fund einem uninteressierten Mitarbeiter des örtlichen Fundamtes an.

Lösungsmöglichkeit:

Aufgrund der äußeren Umstände ist davon auszugehen, daß sich der Eigentümer der vier Räder mit Wissen und Wollen entledigt hat. Für ihn haben die Räder weder einen technischen noch wirtschaftlichen Nutzen. Mit der Aufgabe des Eigentums und des Besitzes erklärt er die Räder zu herrenlosen Gegenständen (§ 959 BGB). Sie sind somit besitzlos, denn selbst der Besitzer weigert sich, die Herrschaftsgewalt über die Räder auszuüben.

Herrenlose Gegenstände jedoch können nicht gefunden werden. Sie werden umgewidmet, z. B. im Rahmen des Abfallrechts zum Wirtschaftsgut, und erhalten damit wieder einen Besitzer.

Die Beurteilung von Sperrmüll als herrenlose Sache jedoch ist stets im Zusammenhang mit den örtlichen Abfallsatzungen vorzunehmen. Es ist vielfach üblich, daß das Entsorgungsunternehmen die Inbesitznahme nach der Besitzaufgabe erklärt. Hiermit wird der Gegenstand nicht zu einer herrenlosen Sache, denn es erfolgt lediglich ein Besitzwechsel. Verloren ist der Gegenstand auch nicht, denn der neue Besitzer könnte über den Gegenstand verfügen, wenn er wollte.

IV. Der Fund von Stehlgut

Hugo Wichtig teilt der Polizei mit, daß er seit geraumer Zeit auf dem Parkplatz einen Pkw bemerke, der offensichtlich nicht mehr bewegt werde. Er sei noch in gutem Zustand. Als die Funkstreife am Parkplatz eintrifft, lehnt er rauchend am Pkw. Eine Nachfrage in der Sachfahndung ergibt, daß der Pkw vor 14 Tagen als gestohlen gemeldet wurde.

Lösungsmöglichkeit:

Für den Besitzer des Pkw ist es tatsächlich unmöglich, seinen Herrschaftswillen durchzusetzen. Er weiß nicht, wo sich derzeit sein Kfz befindet. Damit entstand der *Verlust durch Diebstahl*. Wird der Pkw durch die äußeren Umstände des Abstellens durch Hugo Wichtig bemerkt, so wird er dann zum Finder, wenn er die Voraussetzungen der §§ 965 (Anzeigepflicht) und 966 BGB (Verwahrungspflicht) schafft. Beide Voraussetzungen hat er geschaffen, indem er die Polizei als zuständige und erreichbare Behörde informierte und durch seine körperliche Anwesenheit am Kfz eine Form der Verwahrung, nämlich den Besitzwillen, ausübte. Es wäre unter diesen Umständen nicht ohne weiteres möglich, das Kfz ohne Widerstand von Hugo Wichtig aus seiner Verwahrung zu nehmen. Bedingt dadurch, daß er seinen Finderpflichten nachgekommen ist, besteht auch ein Anspruch auf die ihm zustehenden Rechte. Die Maßnahmen der Beweissicherung (Spurensicherung usw.) der Polizei durchbrechen seine Rechte nicht. Er kann auch entscheiden, ob er das Kfz weiterhin verwahrt oder die Sache bei der Behörde abliefert (§ 967 BGB).

Eine Sicherstellung des als gestohlen gemeldeten Kfz wird in aller Regel nicht erforderlich sein, denn es dient in den meisten Fällen nicht als Beweismittel. Auch die Spurensicherung am Kfz muß nicht zu einer Sicherstellung in der Gesamtheit führen.

Besteht Hugo Wichtig auf seinem Finderlohn, so darf die Polizei das Kfz nur dann an den Besitzer (Empfangsberechtigten) aushändigen, wenn er einer Aushändigung ausdrücklich zustimmt (Beachte die Fristenwahrung gem. § 1002 BGB!). Dem Finder steht das Zurückbehaltungsrecht der Fundsache zu (§ 972 BGB). Dieses Recht darf durch die Polizei nicht durchbrochen werden! Bei der Inanspruchnahme der Fundrechte ist auf jeden Fall die Ordnungsbehörde (Fundamt) über die Verwahrung beim Finder oder bei der Behörde in Kenntnis zu setzen. Die "Fundverhandlungen" sind ausschließlich von der sachlich zuständigen Behörde durchzuführen. Das ist nur dann die Polizei, wenn es darum geht, daß <u>unaufschiebbare Maßnahmen zur Sicherung der Fundsache</u> getroffen werden müssen. Die „Fundverhandlungen" fallen nicht hierunter!

V. Der Tierfund

Auf dem Heimweg von der Arbeit wird Klaus Freundlich von einem jungen Rottweiler verfolgt. Als er die Wohnungstür öffnet, ist der Hund schon im Flur bevor er überhaupt die Wohnung betreten kann. Klaus Freundlich geht an seinen Kühlschrank und holt ein Würstchen heraus, das der Hund gierig verschlingt. Der Hund hat eine Steuermarke und ein Adreßschild am Halsband hängen. Er verständigt telefonisch den Hundehalter von dem zugelaufenen Hund.

Lösungsmöglichkeit:

Obgleich in § 90 a BGB deklamiert wird, daß Tiere keine Sachen sind, äußert sich *Palandt (BGB, S.* 56) dahingehend, daß der § 90 a BGB "eine gefühlige Deklamation ohne wirklichen rechtlichen Inhalt" sei. Auch strafrechtlich gilt das Tier noch als Sache (z. B. § 242 oder § 303 StGB). Aus der Analogie heraus dürfte es sich bei dem Rottweiler um eine bewegliche Sache handeln.

Da es auch hier dem Hundehalter tatsächlich unmöglich ist, über das Tier seine Herrschaftsmacht auszuüben, da ihm der Aufenthalt des Tieres unbekannt ist, gilt der Hund als verloren. Da Klaus Freundlich den Hund in seiner Wohnung hat, vollzieht er den ersten Schritt seiner Finderpflichten: Er verwahrt das Tier. Da anhand des Adreßschildes der Hundehalter zu ermitteln ist, zeigt er diesem den Fund des Tieres an. Damit hat er seinen Pflichten Genüge getan und kann somit auch das Recht auf Auslagenersatz (1 Würstchen) und Finderlohn (§§ 970, 971 BGB) verlangen. Eine Anzeige beim Fundamt muß nicht erfolgen (§ 965 (1) BGB).

VI. Der Wildunfall

Als Paul Rast auf der B 198 ein Waldstück passiert, wechselt eine Rotte Sauen die Fahrbahn. Trotz Vollbremsung erfaßt der Pkw zwei Sauen. Beide Tiere werden getötet. Paul legt die Tiere in sein Auto und fährt nach Hause, denn sein Pkw ist dank eines Rammbügels an der Frontpartie nur gering beschädigt. Er ruft beim zuständigen Forstamt an und teilt der Fund der beiden Wildschweine mit. Er verlangt Schadenersatz und Finderlohn.

Lösungsmöglichkeit:

Wie bereits oben dargestellt wurde, handelt es sich bei den Wildschweinen um Tiere, die quasi unter das Sachenrecht fallen. Da es sich bei den Sauen um in Freiheit befindliche Wildtiere handelt, gelten sie als herrenlos (§ 960 (1) BGB). Da über die Tiere keine Herrschaftsgewalt ausgeübt werden kann, stehen sie in keinem Besitzverhältnis, können somit nicht verloren und damit nicht gefunden werden. Das Jagdrecht stellt keinen Besitzstand dar. Nach § 2 BjagdG unterliegen Wildschweine dem Jagdrecht. Das Jagdrecht wird durch den Jagdausübungsberechtigten ausgeübt. Bedingt durch den Umstand, daß das Jagdrecht keinen Besitzstand darstellt, besteht für den Jagdausübungsberechtigten keine Schadensersatzpflicht. Der entstandene Schaden wird durch die Kaskoversicherung des Kfz-Halters reguliert.

Eine Verwahrung i. S. § 966 BGB und die Anwendung des Zurückbehaltungsrechts des Finders (§ 972 BGB) ist in diesem Falle nicht möglich, denn die in Freiheit lebenden Wildtiere können, wie o. a. nicht gefunden werden. Das Verhalten des Paul Rast könnte den Tatbestand der Jagdwilderei (§ 292(1) StGB) dann erfüllen, wenn er sich die Wildschweine in Zueignungsabsicht aneignet. Das bedeutet, daß die Wildschweine nach der Aneignung dem Jagdausübungsberechtigten oder einem entsprechenden Empfangsberechtigten ausgehändigt werden müssen.

VII. Der Fund eines Sparbuchs

Veronika Findig sieht auf dem Gehweg ein blaues Heftchen liegen. Sie bückt sich, hebt es auf und stellt fest, daß es sich um ein Postsparbuch handelt. Ein wohliges Erschauern durchläuft ihren Körper als sie die Eintragungen durchliest. Das Sparbuch hat eine Einlage von über 50.000 DM. Sie rechnet mit einem dicken Finderlohn und begibt sich frohen Mutes zum Verlierer. Als dieser ihr dankbar einen Zehnmarkschein in die Hand drückt, verweigert sie die Herausgabe des Sparbuches.

Lösungsmöglichkeit:

Das Sparbuch hat für den Verlierer - und nur für diesen - einen Wert. Der Wert der Sache, des Sparbuchs, liegt bei etwa 0.25 DM. Hat die Sache aber nur einen Wert für den Verlierer und ist die Sache sonst von nur geringem oder ohne Wert, dann richtet sich die Höhe des Finderlohnes *nach billigem Ermessen des Verlierers* (§ 971(1) S. 3 BGB). Es ist nicht die Höhe der Forderung entscheidend, die der Verlierer gegenüber der Postbank hat, sondern der materielle Wert.

Dem Finder steht ein Zurückbehaltungsrecht zu. Sein Anspruch wäre einklagbar (§ 1001 BGB). Die Klage kann jedoch dadurch abgewendet werden, wenn der Verlierer die Sache dem Finder wieder aushändigt. Das Sparbuch wäre für den Finder in diesem Falle wertlos, denn der Verlierer würde es zu seinem Schutze sperren.

Da das Sparbuch einen geringeren Wert als 10 DM hat, wäre eine Anzeige des Fundes nicht erforderlich (§ 965(2) S. 2 BGB).

VIII. Die Unanbringbarkeit nach Sicherstellung

Eine Streifenwagenbesatzung nimmt einem angetrunkenen Jugendlichen einen Baseballschläger ab. Der Jugendliche ist sehr aggressiv und es besteht die Gefahr, daß er damit Menschen verletzen könnte. Bevor die Beamten seine Personalien notieren können, läuft er weg. Der Baseballschläger wird im Laufe der nächsten Tage nicht abgeholt.

Lösungsmöglichkeit:

Da die gegenwärtige Gefahr bestand, daß der Jugendliche in seinem Zustand mit dem Baseballschläger Menschen verletzen könnte, stellten die Beamten ihn sicher. Eine Rückgabe des Baseballschlägers hätte am kommenden Tag erfolgen können, denn dann wäre möglicherweise der Jugendliche nüchtern und nicht mehr aggressiv. Spätestens aber hätte die Polizei die Sicherstellung nach drei Tagen aufheben müssen oder die Anordnung der Verlängerung der Sicherstellung durch die Ordnungsbehörde einholen müssen.

Die Polizei würde den Baseballschläger nach Wegfall des Rechtsgrundes aushändigen, aber der Besitzer ist ihr nicht bekannt. Eine Aushändigung ist nicht möglich. Bedingt durch diesen Umstand kann die Polizei diesen Gegenstand wie eine Fundsache behandeln (§ 983 BGB) und die Sache an das Fundamt abgeben. Das Fundamt wird den Fund ggf. öfftl. bekanntmachen (§ 980 BGB) und nach Ablauf der Aufbewahrungsfrist öffentlich versteigern (§ 979 BGB).

IX. Der Streit um die (Fund-)Sache

Manfred Omann bittet um die Entsendung eines Streifenwagens zu seiner Unterstützung. Von einem ihm nicht näher bekannten Mann sei ihm telefonisch mitgeteilt worden, er habe seine Videokamera im Park gefunden. Er könne sie gegen Finderlohn bei ihm abholen. Eben habe er ihn aufgesucht und ihm einen Finderlohn in Höhe von 20 DM angeboten. Die Kamera habe 1.970 DM gekostet. Der Finder habe aber mehr von ihm verlangt. Er wolle sie ihm nun nicht mehr geben. Manfred Omann verlangt von der Polizei, daß sie die Kamera sicherstelle. Sie sei schließlich sein Eigentum.

Lösungsmöglichkeit:

Der Finderlohn für eine Sache im Wert von 1.970 DM beträgt mind. 79,10 DM (5 % von 1.000 DM = 50 DM; 3 % von 970 DM = 29,10 DM). Der Finder kann einem niedrigeren Betrag zustimmen; einen Rechtsanspruch auf einen Finderlohn in der genannten Höhe hat er jedoch. Ebenso hat er einen Rechtsanspruch auf den Ersatz von Aufwendungen, die durch die Verwahrung des Fundes entstanden sind. Kommt es zwischen Verlierer und Finder zu keiner Einigung in diesen Punkten, so steht dem Finder ein Zurückbehaltungsrecht (§ 972 BGB) zu. Es entsteht damit ein Rechtsanspruch, über den ein Richter schließlich zu entscheiden hat.

Die Polizei hat sich in zivilrechtliche Streitigkeiten nicht einzumischen. Die Durchbrechung des Zurückbehaltungsrechtes steht ihr nicht zu. Damit jedoch den widerstreitenden Parteien der Klagweg eröffnet werden kann, werden im Rahmen des Schutzes privater Rechte die Namen und Anschriften der Parteien ausgetauscht. Eine Anzeige an das Fundamt ist nicht erforderlich, denn der Finder hat den Fund beim Verlierer angezeigt, was ihm § 965 BGB einräumt. Die gleichen Rechte und Pflichten wie hier für die Polizeibeamten dargestellt werden, treffen auch die Mitarbeiter der zuständigen Behörde.

X. Der Fund im Bahnhof

Leo Venture findet in der Bahnhofshalle einen Radiorecorder, den ein Reisender offensichtlich vergessen hat. Mit dem Gerät begibt er sich zu einem Mitarbeiter der Deutschen Bahn AG und erkundigt sich nach dem Fundamt der Stadt. Der Mitarbeiter verrät den Weg dorthin nicht, besteht jedoch darauf, daß der Radiorecorder am i-Schalter abgegeben werde.

Lösungsmöglichkeit:

Ein Fund in einer Behörde oder einer Verkehrsanstalt ist unverzüglich dieser oder einem Mitarbeiter zu übergeben (§ 978 BGB). Der Bahnhof fällt unter den Begriff einer Verkehrsanstalt. Auch wenn die Deutsche Bahn nunmehr ein Privatunternehmen ist, bleibt der Status der Verkehrsanstalt erhalten.

Finderlohn steht dem Finder nur dann zu, wenn die Sache einen Wert von mehr als 100 DM hat. Die Höhe des Finderlohnes reduziert sich bei einem derartigen Fundort auf die Hälfte.

Hat der Finder sonst lediglich die Anzeige- und Verwahrungspflicht, so entfallen bei einem derartigen Fundort die Pflichten. Der Finder ist verpflichtet, die Sache der Behörde oder der Verkehrsanstalt oder deren Mitarbeitern auszuhändigen. Ein Anspruch auf Eigentumserwerb entfällt auch hier. Mitarbeiter der Behörde oder Verkehrsanstalt haben keinen Anspruch auf Finderlohn.

XI. Der Fund im Kaufhaus

Eine Kundin findet in einem Kaufhaus in einem Regal zwischen Konservendosen eine Brieftasche mit Dokumenten und etwa 2000 DM Bargeld. Sie übergibt die Brieftasche an die Geschäftsführung. Nach Ablauf eines halben Jahres erkundigt sie sich nach der Brieftasche und erfährt, daß der Verlierer nicht gefunden wurde. Sie verlangt die Herausgabe der Brieftasche und des Geldes.

Lösungsmöglichkeit:

Regelt § 978 BGB den Fund in Behörden und Verkehrsanstalten, so gilt diese Sonderregelung nicht für andere Einrichtungen, die von der Öffentlichkeit frequentiert wird, wie z. B. ein Kaufhaus. Generell hat der Finder einer Sache in einem Kaufhaus die entsprechenden Pflichten, wie er sie auch an anderen Orten hat.

Kompliziert wird der Fund aber, weil Voraussetzung hierfür ist, daß der Besitzer die Herrschaftsgewalt nicht ausüben kann, weil er nicht weiß, wo sich die Sache befindet. Der Finder aber übt neuen Besitz über die Sache aus. Der BGH entschied in dem o. g. Falle, daß das Kaufhaus über alle in das Geschäft eingebrachten Sachen Besitz ausübt. Das bedeutet, daß man in einem Kaufhaus grundsätzlich nichts finden kann, denn Besitzer ist immer das Kaufhaus, das über alle eingebrachten Sachen die tatsächliche Herrschaftsgewalt ausübt. Es liegt in der Natur eines Geschäftes, in dem der Kunde sich selbst bedienen muß, so der BGH (BGHZ VIII ZR 379/86), daß über alle Sachen, die dem Kunden zum Verkauf angeboten werden, der tatsächliche Sachherrschaftswille des Kaufhauses steht. Im Sinne des § 854(2) BGB genügt zur Besitzbegründung bereits, daß das Kaufhaus als Erwerber in der Lage ist, die Gewalt über die Sache auszuüben. Das gilt sowohl für Waren, Werbeartikel, Dekoration als auch für von Kunden vergessene/ verlorene Sachen. Das bedeutet, daß Mitarbeiter des Kaufhauses nicht wissen müssen, wo sich die Sache befindet. Sie müssen nur wissen, daß sie sich innnerhalb des Kaufhauses befindet. Das unterscheidet die Mitarbeiter vom Verlierer. Der Verlierer weiß nicht, wo sich die Sache befindet und muß erst nach ihr suchen.

Entsprechend ist auch der Umstand anzusehen, daß man in seiner eigenen Wohnung nichts verlieren kann. Das Wissen darüber, daß sich eine Sache, die man sucht, nur in der Wohnung befinden kann, reicht aus, daß man nicht über einen Verlust reden kann. Die Sache gilt erst dann als verloren, wenn man z. B. bei einem Umzug feststellt, daß sich die Sache doch nicht in der Wohnung befindet. Erst dann fehlt die Möglichkeit der Ausübung der tatsächlichen Sachherrschaft.

Bedingt durch den Umstand, daß im Kaufhaus kein Fund einer Sache erfolgen kann, kann bei einer Wegnahme einer vermeintlichen Fundsache keine Unterschlagung vorliegen, sondern immer ein Diebstahl. Das Besitzverhältnis wurde bereits durch das Kaufhaus ("ein anderer") begründet.